MACRAMÉ

Yuli Flores

MACRAMÉ
El arte de los nudos

Editorial Arcopress • Colección Estilo de vida
Edición: Ana Belén Valverde Elices
Diseño y maquetación: Fernando de Miguel

www.arcopress.com
pedidos@almuzaralibros.com - info@almuzaralibros.com

Editorial Almuzara
Parque Logístico de Córdoba. Ctra. Palma del Río, km 4
C/8, Nave L2, nº 3. 14005 - Córdoba

Imprime: Imprenta Mundo
ISBN: 978-84-11312-99-8
Depósito Legal: CO-1213-2022
Hecho e impreso en España - Made and printed in Spain

A mi madre, fuente original de inspiración y creatividad.
A mi hija Julieta, esencia pura de la energía del amor.
A todas las mujeres que han dejado una huella imborrable
a lo largo de mi vida.

Gracias.

Índice

Introducción

¿Cómo llegó el macramé a mi vida?

Debo comenzar hablando de mi primer contacto con el mundo de las manualidades que se remonta a la edad de trece años. Aprendí la técnica del croché (ganchillo) de la mano de mi madre. Mi madre es una de mis mayores fuentes de inspiración, diseña y confecciona ropa, hace ganchillo, realiza arreglos florales y le fascina la naturaleza.

Mi vena creativa sin duda alguna la heredé de ella. Era frecuente en mi casa verla diseñar, escoger colores y combinar texturas en su improvisado taller de costura. Esos fueron mis inicios en este maravilloso mundo artesanal.

Desde esos primeros contactos con lo hecho a mano, hasta el día de hoy, he vivido experiencias valiosas. Todas ellas me condujeron al camino que recorro actualmente con el macramé.

Una de las preguntas más frecuentes que me hacen es ¿cómo descubriste el macramé? ¿Cómo supiste que se convertiría en tu pasión?

Si aún no me conoces, soy Yuli Flores, artista textil especialista en macramé, y cuento con una comunidad de más de quinientos mil seguidores en redes sociales, pero luego te hablaré un poco más de mí.

A las personas que me preguntan cómo descubrí esta técnica, les relato de forma muy breve mi experiencia. Trabajé como educadora durante más de quince años en mi país natal, Venezuela. Llegué a España en julio de 2015 y es en ese momento cuando mi amor por las manualidades vuelve a florecer.

Comienzo haciendo ganchillo, tomo clases de pintura, realizo pequeños proyectos con madera, doy mis primeros pasos en *lettering*… Continuaba buscando, porque quería conseguir algo que disfrutara hacer cada momento de mi vida.

Así fue como descubrí el macramé. Comencé viendo tutoriales por YouTube, en ese momento había muy pocos en español. Aprendí la técnica practicando a diario, al mismo tiempo que recopilaba información sobre este arte, buscando en librerías y aplicaciones de libros de segunda mano. Gracias a esa búsqueda he coleccionado algunos libros y revistas de los años 70 y 80.

En esta búsqueda, mientras practicaba, también publicaba vídeos en YouTube porque sabía que igual que yo, mucha gente no conocía esta técnica. Mi canal de YouTube *El arte de Julieta* nace de la necesidad de enseñar macramé en español.

Desde las publicaciones de mis primeros videotutoriales a principios de 2018, nació una comunidad de amantes de los nudos. Gracias a esta pasión que comparto con mucho amor por los diseños hechos a mano, cuento con más de trescientos mil seguidores en YouTube, un grupo privado de Facebook de más sesenta mil miembros, una página de Facebook de ciento cuarenta mil seguidores y más de cien mil en Instagram.

Las redes sociales han sido mi plataforma para darme a conocer al mundo entero. Las experiencias de amor y cariño que me demuestran a diario hacen que las horas largas de trabajo constante valgan la pena.

Mis manos siempre están en movimiento y en mi cabeza las nuevas ideas para proyectos y diseños se acumulan. Todos los días quiero aprender cosas nuevas, diferentes nudos, combinar texturas, diseñar y seguir soñando a lo grande.

Mi mejor satisfacción, el cariño y el apoyo de las personas. Hoy puedo decir que el macramé me ha unido a miles de corazones que laten al mismo ritmo, y comparten su pasión por el arte de hacer nudos.

Historia del macramé

El macramé es una antigua técnica ancestral que consiste en anudar hilos de distintos materiales para combinarlos en infinidad de variantes y lograr trabajos prácticos y decorativos..

Los nudos básicos se han empleado de forma similar dentro de varias culturas. Los indios empleaban para comunicarse un sistema de nudos con hilos de distintos colores, llamado escritura de nudos (quipu). Los nudos representaron también los números y muchas veces tenían significados mágicos.

«Es la reina María a quien se le atribuye la responsabilidad de introducir el macramé en Inglaterra; se había aficionado a este arte cuando vivía en Holanda.

Se supone que el macramé es de origen árabe. La palabra macramé significa fleco, en árabe. Parece ser que esta técnica se limitaba en principio a flecos en cuerda basta, hasta que se introdujo en Italia, en el tiempo de las cruzadas. Allí las monjas, utilizando un material mucho más fino, la desarrollaron realizando trabajos semejantes a encajes, de una gran belleza y muy sólidos.

No se conoce exactamente la fecha en que los marinos comenzaron a utilizar el macramé. Pero hacia la mitad del siglo XIX, las tripulaciones, tanto de la marina americana como británica, se convirtieron en especialistas en este arte, tal vez porque sus estrechos y reducidos espacios limitaban o suprimían la posibilidad de guardar obras de grandes dimensiones».

El libro Ashley de los nudos. *Clifford W. Ashley*

El macramé volvió a estar de moda en los años 60, 70 y 80. Se realizaron en esta época indumentaria y decoración del hogar. Formó parte de un movimiento que comenzaron los hippies para expresar opiniones en esa época y poco tiempo después era parte de la moda en la decoración de interiores que predominó en la última mitad del siglo XX. La época de los flecos, las borlas y las cortinas dio nuevamente relevancia al arte del macramé.

Imágenes de los libros The art of macramé *(Hamlin, 1972)* y Vogue guide to macramé *(Stein & Day, 1973)*

El macramé como terapia

Por **Irene Plata***

Un día hablando con Yuli, me comentaba precisamente esto, la cantidad de personas que le escribían para decirle todo lo que le había ayudado a nivel personal. Personas que habían tenido grandes pérdidas, que estaban pasando por momentos de depresión, ansiedad, personas que se sentían muy solas o que al jubilarse habían perdido el sentido de su día a día.

Como psicóloga me encanta entender cómo la psicología y las emociones están presentes en todo lo que hacemos y le explicaba los fundamentos terapéuticos que tienen las diferentes técnicas asociadas al tejer, especialmente cómo favorecen muchas de las cualidades que se desarrollan a través de la práctica del mindfulness o atención plena. Y así surgió esta colaboración para dirigirme a esas personas a las que el macramé ha transformado.

Antes de continuar, me gustaría presentarme. Soy Irene Plata, psicóloga experta en *mindfulness*, gestión emocional y procesamiento del trauma. Acompaño cada día a personas como las que escriben a Yuli para agradecerle su transformación, personas que se han desconectado de sí mismas, que presentan síntomas de ansiedad, estrés, duelo…

Cuando pasamos por un estado depresivo, de ansiedad, de crisis interna nuestro organismo pasa a funcionar en «modo supervivencia». Este modo implica en muchas ocasiones un pensamiento catastrófico y obsesivo, apatía, dificultades de memoria y concentración, nuestra atención tiende a dispersarse y resulta más difícil planificar, tomar decisiones o dar estructura a lo que vamos a hacer.

Si llevas tiempo haciendo macramé, es posible que hayas notado una mejora en estos aspectos. Según muestran los estudios, técnicas manuales como el macramé son un gran regulador atencional y emocional, de especial ayuda para:

- Personas con poco contacto social o que se sienten solas.
- Personas con falta de un propósito vital o motivación en su día a día.
- Personas preocupadas, con estrés, miedo o ansiedad.
- Personas en un momento de cambio vital o crisis de identidad.
- Personas con baja autoestima o sensación de baja capacidad o utilidad.

¿Qué hace que el macramé pueda resultar tan terapéutico?

El macramé, del mismo modo que la práctica del *mindfulness* tan extendida en los últimos años, enseña a nuestro cerebro a salir del «modo supervivencia» y entrar en «modo bienestar».

El macramé implica un nivel de concentración en el movimiento y la coordinación que obliga a las personas a salir de los pensamientos obsesivos, preocupaciones, rumiación… los cuales son una de las principales fuentes de malestar. Cambiamos el quedarnos enganchados en nuestros pensamientos tejiendo preocupaciones (un pensamiento trae otro y así tejemos una situación de gran preocupación normalmente muy lejana del momento presente que estamos viviendo aquí y ahora) por tejer nudos que crean una bella obra y sobre todo fuente de gran satisfacción.

Esta técnica implica parar y contemplar. Una pausa consciente antes de actuar para saber cuál es el siguiente paso. La pieza que vamos tejiendo siempre nos da feedback de cuál es nuestro estado lo que nos ayuda a regularnos. Por ejemplo, si los nudos están demasiado fuertes esto quizá refleja un estado de tensión y por tanto debemos tratar de relajarnos para hacer los nudos más sueltos. Si nuestra atención se va a los pensamientos, es posible que te des cuenta rápidamente porque no sabes qué movimiento o qué hilo es el siguiente, lo cual implica volver de nuevo con tu atención al presente. El movimiento repetitivo al anudar nos relaja casi como si nos meciéramos en él. Este estado contemplativo nos ayuda a pensar de forma más positiva y nos ayuda a manejar el dolor.

Por otro lado, el macramé ayuda a ganar sensación de control y salir de la indefensión, tan asociada a pérdidas y estados depresivos. Proporciona estructura, repetición, lo que nos ayuda a sentir mayor predictibilidad y menor incertidumbre, mayor control sobre el siguiente paso y lleva nuestra mente a un estado de flujo. Nos enfoca en un pequeño reto palpable, que cuando conseguimos proporciona una sensación de capacidad. Este hecho ayuda a las personas que están pasando por momentos de estrés, ansiedad o depresión de la sensación de incertidumbre.

Además, técnicas como el macramé suelen conectar con otras personas. Se puede o bien hacer en grupo o bien aprender unos de otros, aunque sea a través de una pantalla. Este hecho ayuda especialmente a personas que se sienten aisladas o tienen dificultades para relacionarse socialmente. Tener un contexto o afición común une y hace más fácil esa sensación de pertenencia tan necesaria para nuestro bienestar.

La práctica del *mindfulness* se asocia con el meditar sentados sin hacer nada más. Sin embargo, *mindfulness* es un estado mental que podemos practicar en movimiento o en acción. Es así como el macramé nos enseña a desarrollar esa atención plena enfocada sin juicio en el aquí y ahora nudo a nudo. De forma que al terminar no solo conseguimos tener una pieza única hecha a mano, sino que también sin darnos cuenta vamos tejiendo nuestro bienestar.

*** Irene Plata** es psicóloga experta en **mindfulness, gestión emocional y procesamiento del trauma.
Dirige «Bienestar Pleno», un espacio en el que acompaña a mujeres con problemas de ansiedad, estrés y alteraciones de la salud a conectar con ellas mismas y recuperar su plenitud.*

Antes y después del macramé

En muchas oportunidades hemos hablado del macramé como terapia, pero para este libro he querido contar con la opinión de Irene Plata, experta en el tema, porque muchas de mis aprendices me manifiestan el cambio que han notado en sus vidas al conocer el macramé y he querido compartir además algunos testimonios:

«Mi experiencia personal con el grupo ha sido magnífica. La calidez y la amistad que se ha formado me ha ayudado a no sentirme tan sola estando tan lejos de mi país natal, con un idioma diferente, para mí ha sido como volver a mis raíces. Me ha ayudado enormemente hacer estos trabajos en conjunto y con tan lindas personas. También agradezco a la Sra. Yuli por su enseñanza, paciencia y sus bellos trabajos. Saludos desde Australia».

Gloria Montti Barahona,
miembro del grupo de Facebook

«Para mí el macramé es terapéutico. Soy psicóloga, y como saben, día a día escucho muchos problemas. Por obligación ética, es necesario que destine espacios para mi autocuidado, y hacer macramé ha resultado una excelente opción. Además de relajarme me hace sentir orgullosa de saber que puedo crear cosas hermosas con mis propias manos. Como me apasiona tanto he empezado a dar clases, quiero que también otras personas puedan tener todos estos beneficios que el macramé ha traído a mi vida».

María Lourdes Correa Herrera,
miembro del grupo de Facebook

«*Soy una acumuladora de juventud. Cuando era pequeña, hace sesenta años, mi tía me contaba que en la escuela su maestra le enseñaba a tejer con nudos. Ella para entretenerme hacía todo lo posible para que yo lo hiciera. Pasaron los años y nunca más volví a ver ese tejido. Tuve la suerte de encontrarte, y ver los vídeos y me entusiasmé mucho. Me encanta poder hacer un tapiz que, aunque sea pequeño. Me llena de alegría verlo enganchado de una ramita rústica. Gracias por enseñarme con tanta dedicación y alegría*».

María del Carmen Derosa,
miembro del grupo de Facebook

«*Todo comenzó con la compra de una casa con terraza para compartir con mi pareja, pero me hacía falta una lámpara, y decidí ir al taller de* El arte de Julieta. *Cuando vi todo el macramé, los recuerdos de una infancia, en el cole, con un gran profesor transgresor me vinieron a la mente. Y me encontré con una mujer que, al mirarla, transmitía alegría y tranquilidad. Comencé a hacer la lámpara bajo la orientación de Yuli, al principio los nudos eran tensos como mis días, pero a medida que avanzaba, mi proyecto iba tomando forma y tanto yo como los que me rodean se dieron cuenta que estaba mucho más calmada y durmiendo mejor.*

Los días en los que estoy muy nerviosa, y me pongo con un nuevo proyecto, mi estado de ánimo cambia. Tengo mucha suerte, el taller de El arte de Julieta *lo tengo muy cerca de casa; es impresionante como el macramé ha logrado que incluso pierda la noción del tiempo, diseñando en el taller no solo se comparte la experiencia, sino también ideas, risas y un ambiente muy relajado*».

Camino Porrero,
alumna presencial

MATERIALES

MATERIALES

Si eres principiante y quieres comenzar a practicar los nudos te recomiendo que practiques con lo que tengas a mano en casa. Si te gusta hacer manualidades seguro que tienes cuerda, lana o cordón.

Cuando ya sepas hacer los nudos y quieras hacer algún proyecto, entonces debes consultar los materiales que necesitas según el diseño.

En cada proyecto de este libro te indico los materiales que necesitas y el grosor de las cuerdas, cada uno lleva cuerdas diferentes y puede variar la cantidad según la complejidad del mismo. Para las personas que están comenzando recomiendo proyectos sencillos como maceteros o tapices pequeños. Cuando ya tienes la experiencia necesaria te lanzas con un diseño más complejo.

Cuando ya sepas cual es ese proyecto que quieres realizar, verás que para hacer hermosas piezas de macramé no necesitas demasiados materiales, solo cuerda, tijeras, cinta y cinta métrica; dependiendo del diseño además necesitarás una rama o barra en el caso de los tapices, aros de madera o metálicos para los maceteros o argollas para las lámparas.

En cada uno de los diseños encontrarás los materiales, pero con la experiencia y la practica podrás personalizarlos.

Un consejo que debes tener en cuenta en el momento de ponerte a trabajar es seleccionar una silla cómoda, un espacio agradable. Si necesitas colgar un diseño, puedes hacerlo directamente en la pared o en un perchero de ropa que son ideales para la elaboración de tapices o colgantes de plantas.

Pero de manera especial y por experiencia te recomiendo trabajar en un espacio agradable y cómodo, tomarte descansos y estirar el cuerpo, si es posible hasta bailar un poco para moverlo. Nos encanta diseñar y cuando comenzamos un proyecto no queremos parar, pero podemos hacerle daño a la espalda, cuídala.

MATERIALES ESENCIALES

◼ Cuerda

Anteriormente te comenté que para comenzar a practicar los nudos puedes usar cualquier cuerda o cordón que tengas por casa. Yo comencé con cuerda de poliéster para practicar, el resultado no fue bonito, porque pienso que no es un material con el acabado más adecuado para decorar, luego trabajé con trapillo (tiras de camiseta) elaborando hermosos diseños, y más tarde descubrí la cuerda de algodón.

Comúnmente los artistas de macramé usamos cuerda de algodón, trenzada o torcida, también encontramos la urdimbre, que tiene solo un poco de torcedura. Pero siempre va a depender del diseño que vayas a realizar, más adelante te daré algunos consejos en relación al grosor y tipo de cuerda.

Además del algodón y el trapillo, podemos usar cuerda de cáñamo o yute.

◼ Rama o barra

Las barras o ramas las empleamos para los tapices de pared, cabeceros de cama o maceteros de pared. Las ramas naturales les dan un atractivo especial a los diseños, los hacen diferentes y únicos. Si vives cerca de la playa, puedes buscar madera de deriva: es madera que ha permanecido en el agua una temporada por lo que las olas y la arena le han quitado todas las asperezas. El resultado es precioso. Las barras también son una excelente opción para los cabeceros de cama, pero en especial para las cortinas.

◼ Aros de madera

Estos son indispensables para los maceteros. Yo normalmente los uso de madera, ya que combinados con la cuerda el resultado final es más natural, pero también puedes hacerlo con aros metálicos.

◼ Aros metálicos

Ideales para la elaboración de lámparas o atrapasueños, para estos últimos también puedes emplear bastidores de bordar.

FUNDAMENTALES

Hay materiales que son fundamentales para la elaboración de tus diseños, y que no puedes suplantar, entre estos materiales tenemos:

- **Tijeras:** debes contar con varias tijeras, que sean de uso exclusivo para tu trabajo, de diferentes tamaños e ideales para cortar las cuerdas.

- **Cinta métrica:** hay que tenerla siempre colgada del cuello. Cada corte debes medirlo, para no cometer errores al momento de diseñar o por lo menos hacer el intento.

- **Perchero con o sin ruedas:** cuando ya sepas que quieres seguir avanzando con los nudos, debes plantearte adquirir un perchero. Te hace el trabajo más cómodo, puedes colgar tu proyecto y le harás un favor a tu cuerpo. Especialmente, si puedes ajustarlo a diferentes alturas.

- **Ganchos en forma de «s»:** estos ganchos son fundamentales y nunca tenemos suficientes. Podemos usarlos en los percheros para colgar las barras o para trabajar en maceteros, y también para colgarlos luego.

Ya sabes entonces cuáles son los materiales que necesitas para diseñar y, como puedes ver, para hacer macramé no necesitas mucho, solo un poco de inspiración. La herramienta principal para la elaboración de tus proyectos son tus manos, cuídalas, mímalas, dales masajes, recuerda que son muy valiosas.

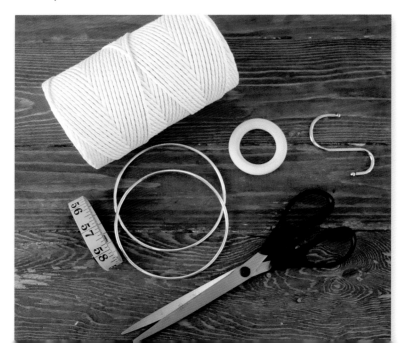

¿Cómo tomar las medidas para los diseños?

La pregunta que recibo con más frecuencia en mis redes sociales es: ¿cómo tomar las medidas para los diseños de macramé?

En muchas oportunidades para mí es imposible tener una respuesta concreta ya que, para poder responder a esta pregunta, necesito saber qué diseño vas a emplear, qué material vas a usar. No es lo mismo un diseño con 3 mm que con 5 mm.

Normalmente, en mis proyectos del canal de YouTube *El arte de Julieta*, suelo usar cuerda de algodón de 3 mm trenzado, en mi caso es la más común.

LAS CUERDAS DE ALGODÓN DE 3 MM
son ideales para maceteros colgantes, tapices de pared, cojines o alfombras

Hablemos ahora de las medidas de las cuerdas cuando trabajamos con cuerda de 3 mm. Para un tapiz de pared, donde se usan diferentes nudos sin dejar espacios libres entre ellos, yo calculo el largo deseado por 8, es decir, si quiero un tapiz de 2 m de altura, corto las cuerdas de 16 m.

Siempre es mejor cortar las cuerdas un poco más largas, por lo menos medio metro más, siempre es mejor que sobre cuerda. Con los trozos de cuerda sobrantes, puedes hacer plumas, llaveros u hojas.

Continuando con las cuerdas de 3 mm, cuando hago maceteros, en los que no se hacen tantos nudos, solo 3 o 4 grupos de 3 nudos, calculo la altura que deseo el colgante de plantas por 3. Es decir, para un macetero de 1 m de altura, corto las cuerdas de 3 m.

Es importante destacar que las medidas siempre varían de acuerdo al diseño que realizamos, los tipos de nudos que usamos y el material. Por eso es importante que apuntes en un cuaderno las medidas de tus diseños. Este será una guía para tus proyectos futuros.

■ ¿Cuál es la cuerda que debo comprar?

Con las cuerdas de 4 mm, 5 mm o 6 mm se trabaja más rápido. Ocupan superficies más grandes con pocos nudos y son ideales para cortinas o tapices.

Con cuerdas de 1 mm, 2 mm o 3 mm podrás realizar diseños más pequeños y delicados. Toman mucho más tiempo que un diseño hecho con cuerda gruesa. Puedes elaborar collares, pulseras o decoración de frascos.

DISEÑOS CON CUERDA DE 1 O 2 MM.
Este tipo de cuerda es ideal para elaborar pulseras, collares o aretes

Esta cuerda es mucho más fina, no se puede emplear para maceteros, ni para tapices grandes de pared. La cuerda de 2 mm también es perfecta para elaborar decoración de frascos, cojines y bolsos.

Con las cuerdas más finas, se pueden realizar diseños muy elaborados y complejos. Además, se trabaja más cómodo en una mesa o tabla de trabajo.

Para la elaboración de un cojín de 40 cm, debemos calcular esos 40 cm del cojín por 8, entonces, usaremos cuerda de 3,20 m. Ese es solo un ejemplo de muchas medidas que podemos emplear con este tipo de cuerda.

TRABAJOS CON CUERDA DE 5 O 6 MM.
Con este tipo de cuerda más gruesa, yo hago cortinas y algunos diseños de tapices, también hamacas o maceteros

Cuando trabajas con cuerda más gruesa haces menos nudos, pero cubres mucho más espacio. Elaborar diseños de grandes dimensiones es un reto muy satisfactorio.

En mi caso, hago las cortinas con cuerda de 5 mm. Para las medidas de las cortinas, calculo el largo deseado por 3. En este caso solo tomo estas medidas para cenefas sencillas de 25 o 30 cm, y con lo que queda de cuerda hago nudos a lo largo de la cortina.

Para fabricar diseños de cortinas más complejos, con cenefas muy elaboradas, calculo el largo por 3 más 1 m adicional.

■ Cambiar los grosores de las cuerdas
Cuando realizamos alguna modificación en un patrón de una revista, libro o vídeo, el ancho y el largo del diseño se modificará. Este puede quedar más grande o más pequeño.

Deberás cambiar la cantidad de cuerdas, para poder mantener el diseño original, o por lo menos parecido.

Si un patrón que está hecho a 5 mm y lo quieres modificar a 3 mm, deberás poner una mayor cantidad de cuerdas para cubrir el espacio.

■ Calcular el ancho
Puedes calcular las cantidades con pequeñas muestras, por ejemplo, haciendo una pequeña muestra con cuerda de 3 mm y de 5 mm. 6 cuerdas de 5 mm abarcan 15 cm de ancho, y 6 cuerdas de 3 mm abarcan 10 cm, es decir, si trabajamos con cuerda más fina, necesitaremos mayor cantidad de cuerdas.

■ Calcular el largo de las cuerdas
Continuando con una pequeña muestra, podemos confirmar que, trabajando con cuerdas de 1 m x 3 mm y 1 m x 5 mm, empleando solo nudos planos, tenemos como resultado un diseño de nudos planos de 15 cm de altura con la cuerda de 5 mm elaborando 6 filas de nudos.

Y en el caso de las cuerdas de 3 mm el resultado es de 10 filas de nudos planos, y la altura es de 18 cm.

En conclusión, con la cuerda más gruesa elaboramos menos nudos, con la cuerda más fina hemos hecho 4 filas más y con la cuerda gruesa el diseño es más corto, pero más ancho.

Todo esto empleando las cuerdas de 1 m. Si vas a trabajar un patrón que está hecho con cuerda de 3 mm y lo quieres con cuerda más gruesa, debes dejar las cuerdas más largas, pero usarás menos cantidad de cuerda.

Debes saber que no hay una respuesta absoluta, se trabaja con ensayo y error. Todos estos consejos son los que yo aplico a mis proyectos. Para saber qué cantidad de material usarás en tus proyectos os sugiero que al hacer el corte de las cuerdas cortéis un poco más largo de lo estimado, siempre es mejor que sobre.

■ ¿Cuántas cuerdas necesito para cada diseño?

Para calcular la cantidad de cuerdas que necesitas para cada diseño, debes llenar el espacio. En el caso de una cortina, debes llenar la barra que estás trabajando, ya sea con 4 mm o 5 mm. Recomiendo trabajar con cantidades pares, ya que en la mayoría de los diseños empleamos nudos planos.

A medida que vayas avanzando, mejorará tu capacidad de estimación. Es importante que apuntes todas las cantidades empleadas en tus diseños. Esta será tu mejor referencia.

Otra sugerencia muy importante es que no te preocupes demasiado por los cálculos si no estás trabajando en un diseño que te exige medidas exactas. Disfruta de los nudos y diviértete. Al principio siempre buscamos referencias, patrones y tutoriales. Más adelante realizarás tus propias medidas.

En el momento de cortar las cuerdas, si estás trabajando con algodón trenzado, debes sellar las puntas para poder ahorrar cuerda. En el momento de realizar los diseños, movemos mucho los cordones. En este caso te sugiero sellar las puntas con cera de vela transparente o cinta plástica.

Si estás trabajando con cuerda sintética, puedes sellar las puntas con un mechero o fósforo para que las puntas se derritan.

■ ¿Qué hacer si la cuerda se te queda corta?

Si a medida que avanzas en tu diseño alguna cuerda se te queda corta, puedes agregar una cuerda nueva, puede ser con nudo festón o nudo plano, y esconder entre los nudos el extremo corto.

Si lo haces bien, y además pones un poco de pegamento o costura, nadie lo notará, solo tú.

Pero para que esto no pase, siempre sugiero dejar las cuerdas más largas. Este truco lo puedes emplear con una o dos cuerdas, pero si lo haces con todo el diseño, seguro que sí se notará, así que evita estos accidentes.

TÉCNICA DEL MACRAMÉ

TÉCNICA DEL MACRAMÉ

Como ya sabes, el macramé es una técnica ancestral que consiste en elaborar nudos decorativos solo con tus manos. Con la elaboración de estos nudos, podemos crear hermosos diseños.

Con nudos podemos realizar desde minimacramé, como pulseras, collares o pendientes; hasta grandes piezas decorativas, como sillas, cortinas o cabeceros de cama. Con la técnica de los nudos además puedes restaurar sillas, biombos o percheros, dándoles nueva vida.

A continuación, te explico cómo hacer los nudos básicos. Cuando sepas hacerlos, verás lo fácil que es elaborar tus propios diseños.

Nudos básicos

■ NUDO ALONDRA O NUDO CABEZA DE ALONDRA

El nudo alondra es uno de los nudos más básicos de macramé. Casi todas las piezas de macramé que ves comienzan con este nudo.

1. Doblamos una cuerda a la mitad y pasamos el extremo doblado por encima de la barra, rama o cuerda donde vayamos a trabajar.

2. Pasamos los dos extremos de la cuerda por el bucle y tiramos las cuerdas con suavidad. De esa forma tendremos nuestro primer nudo alondra.

▦ NUDO DE CABEZA DE ALONDRA INVERSA

El nudo cabeza de alondra invertido se puede realizar pasando el bucle doblado por la parte delantera de la barra. Así, tendrás dos diseños de nudo alondra.

▦ NUDO ALONDRA VERTICAL

Esta técnica la puedes emplear para diseños con una sola cuerda. A continuación, te indico como elaborar el diseño de izquierda a derecha. Puedes hacerlo también a la inversa.

I. Comenzamos haciendo un nudo cabeza de alondra dejando la cuerda de la izquierda de 20 cm de longitud, la cuerda de la derecha de 1 m.

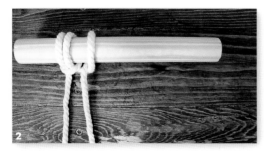

2. Luego pasamos la cuerda de la derecha por encima de la barra, cuerda o rama.

3. A continuación, metemos la punta de la cuerda por el bucle inferior.

4. Repetimos la técnica hasta cubrir toda el área deseada.

■ TRENZA DE NUDO ALONDRA VERTICAL

El nudo plano es uno de los nudos principales para hacer diseños de macramé. Se hace anudando 4 cuerdas externas, llamadas cuerdas de trabajo, alrededor de 2 cuerdas internas, llamadas cuerdas de relleno. A continuación, te indico como hacer el nudo plano. Sin embargo, este nudo se puede emplear con muchas variantes. Por ejemplo: en una barra o usando 4 cuerdas de trabajo. En cada proyecto las opciones pueden variar.

 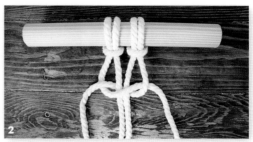

● **1.** Colocamos 2 cuerdas con nudo alondra.

● **2.** Pasamos la cuerda de la izquierda cruzada hacia la derecha sobre las cuerdas del centro y debajo de la cuerda de la derecha.

● **3.** Colocamos la cuerda de la derecha debajo de las cuerdas del centro y sobre la cuerda de la izquierda. Formamos medio nudo plano (MNP).

● **4.** Colocamos la cuerda de la derecha por encima de las cuerdas del centro y debajo de la cuerda de la izquierda.

● **5.** Pasamos la cuerda de la izquierda debajo de las cuerdas centrales y sobre la cuerda de la derecha. Ajustamos las cuerdas y habremos completado el nudo plano.

 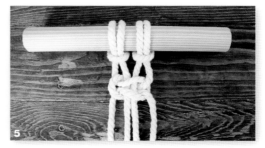

● **Nudo plano con varias cuerdas de relleno:** en este diseño dejamos en el interior 6 cuerdas y trabajamos el nudo plano con una cuerda. Repetimos los pasos del nudo plano y tendremos como resultado un gran nudo que resaltará nuestro diseño haciéndolo aún más atractivo.

● **Nudo plano con varias cuerdas de trabajo:** en este caso, aumentamos la cantidad de cuerdas del exterior siguiendo los pasos del nudo plano exactamente. Cuando realizamos este nudo, debemos cuidar que las cuerdas queden planas. Este nudo también será muy atractivo para nuestros diseños. Podemos usarlo en maceteros, cortinas o tapices.

■ NUDO ESPINA DE PESCADO (NEP)

● **I.** Para este modelo vamos a emplear 8 cuerdas puestas en una barra con nudo alondra.

● **2.** Comenzamos haciendo un nudo plano con las 4 cuerdas centrales.

 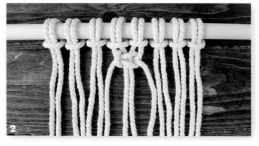

● **3.** Para avanzar con el diseño, usamos las cuerdas laterales siguientes y hacemos otro nudo plano debajo del anterior. Todos los nudos siguientes los hacemos sobre las 2 cuerdas centrales.

● **4.** Las cuerdas de trabajo anteriores quedan detrás. Así avanzamos con el resto de nudos hasta emplear todas las cuerdas laterales y alcanzar el largo deseado.

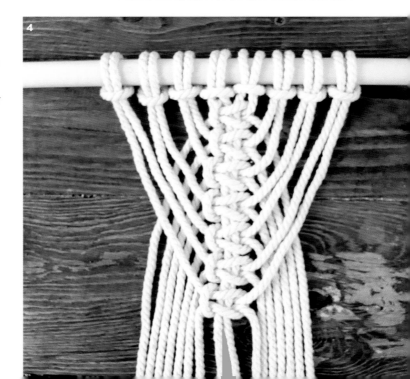

■ TAPIZ DE MACRAMÉ ESPINA DE PESCADO

Para realizar un minitapiz con nudos de espina de pescado, ponemos 16 cuerdas de 1,50 m x 3 mm sobre una barra de 30 cm y hacemos 2 filas de nudos de pescado siguiendo los pasos de la página anterior. A continuación, con las cuerdas del interior (de la fila de nudos de la derecha cogemos las cuerdas de la izquierda y de la fila de nudos de la izquierda cogemos las cuerdas de la derecha) en total 8 cuerdas de cada lado, y repetimos los pasos de la página anterior ahora en el centro. Esto lo podemos hacer con una mayor cantidad de cuerdas si lo deseamos.

Después de terminar las filas de nudo espina de pescado, agregamos una barra empleando el nudo festón horizontal (NFH).

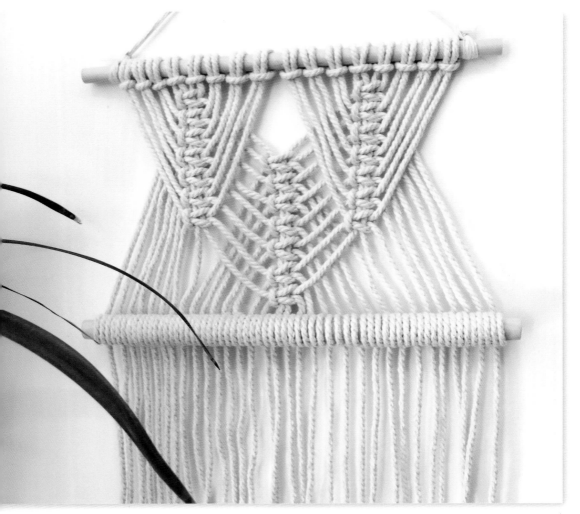

Para elaborar el nudo espiral, simplemente repetimos el paso 1, 2 y 3 del nudo plano. En el nudo plano alternamos las cuerdas. Pasamos primero derecha, luego izquierda.

En el nudo espiral trabajamos siempre el mismo lado. Podemos trabajar comenzando siempre por la izquierda o con la cuerda de la derecha.

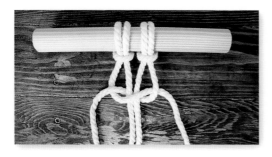

A continuación, repetimos este paso varias veces y se nos formará una espiral como su nombre indica. A medida que avanzamos con los nudos el proyecto se tuerce sin forzarlo.

■ NUDO ESPIRAL DOBLE (NED)

Para este modelo vamos a emplear 6 cuerdas, 2 cuerdas en el interior de 80 cm y 2 cuerdas en el exterior de color naranja de 1,50 m. Todas las cuerdas son de 5 mm.

● **1.** Comenzamos poniendo las cuerdas en una barra. Las cuerdas naranjas son las cuerdas de trabajo y se acortarán a medida que avanzamos. Las cuerdas blancas son cuerdas de relleno, y se mantendrán del mismo tamaño.

● **2.** Con las cuerdas naranjas del interior hacemos medio nudo plano sobre las de relleno.

● **3.** En este paso trabajaremos con las 2 cuerdas laterales naranjas. Las 2 cuerdas. naranjas anteriores pasan a la parte de atrás.

● **4.** Siempre trabajamos con las 2 cuerdas laterales externas y el nudo espiral se forma a medida que avanzamos.

El nudo bodoque es usado en el macramé para dar relieve a las piezas. Al principio parece complicado, pero con práctica obtendrás un bonito resultado. A continuación, te explico cómo hacerlo:

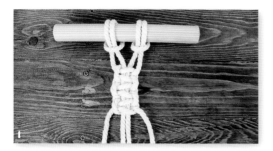

1. Comenzamos realizando 3 nudos planos.

2. Pasamos las dos cuerdas centrales por el espacio superior que hay entre las cuatro cuerdas.

3. Tiramos de las dos cuerdas hasta que los nudos planos formen una curva, y las ubicamos en el centro en su posición original.

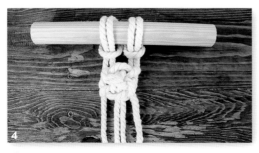

4. Para terminar, hacemos un nudo plano en la parte inferior con las cuerdas laterales para fijarlo.

◼ NUDO FESTÓN HORIZONTAL (NFH)

Este nudo es común en los diseños de macramé. Parece complicado, pero cuando lo dominas puedes hacer infinidad de proyectos. Trabajaremos de izquierda a derecha. Se realiza con una cuerda horizontal, llamada cuerda guía, y el resto de cuerdas en la parte de atrás son las cuerdas de trabajo. Te indico a continuación los pasos:

1. Colocamos 4 cuerdas de trabajo con nudo alondra.

2. Ponemos una cuerda guía horizontal y con la primera cuerda de la izquierda la pasamos por encima de la cuerda guía. Luego, la sacamos por la parte izquierda de sí misma y ajustamos hacia abajo. La cuerda guía debe permanecer siempre en horizontal.

3. Con la misma cuerda de trabajo, la pasamos por encima de la cuerda guía; y ahora, por la derecha de la cuerda de trabajo, sacamos por la parte de abajo y ajustamos. Así tenemos el primer nudo festón.

■ NUDO FESTÓN VERTICAL (NFV)

En esta variante de nudo festón, las cuerdas verticales son las cuerdas guía, y trabajamos con la cuerda horizontal. Esta cuerda debe ser larga, ya que formará en cada cuerda guía un nudo festón. A continuación, te lo indico paso a paso:

1. Trabajaremos de izquierda a derecha. La primera cuerda guía la ponemos sobre la cuerda de trabajo (siempre la cuerda guía debe ir por encima). Luego la cuerda de trabajo da la vuelta sobre la cuerda guía y la sacamos hacia la derecha como vemos en la imagen.

2. Pasamos nuevamente la cuerda de trabajo sobre la cuerda guía. La llevamos hacia la derecha, y ajustamos las cuerdas. Así ya tenemos formado el primer nudo festón vertical.

3. Para continuar con los nudos empleando el resto de cuerdas verticales, repetimos el paso 1 y 2 hasta usar todas las cuerdas. Esta técnica la podemos utilizar para alfombras, caminos de mesa, tapices de pared…

■ MINITAPIZ SOL DE AMANECER

En este diseño hemos empleado el nudo festón vertical con 2 colores dando forma a un sol de amanecer. También lo puedes emplear para el diseño de letras o paisajes. La técnica es similar al punto de cruz, ya que cada nudo festón es un punto y puedes hacerlo combinando colores.

1. Usaremos como base del diseño la fila que hicimos anteriormente. Agregamos una cuerda de color, en este caso naranja. Para esta muestra hemos empleado una cuerda de 3 m x 5 mm. En las 2 cuerdas del centro hacemos 2 NFV, dejando la cuerda larga hacia la derecha.

2. Con la cuerda blanca de la derecha, hacemos un NFV en este lado de derecha a izquierda como podemos observar en las imágenes 2. Avanzamos con los nudos por toda la fila, saltando por la parte de atrás los nudos naranjas y completando con NFV los 4 nudos restantes de la izquierda.

3. En la siguiente fila hacemos 4 NFV con la cuerda naranja de derecha a izquierda.

Para elaborar tus propios diseños con NFV debes hacer un diagrama. La cantidad de cuadros indica la cantidad de nudos. Siempre trabajamos de forma vertical. Podemos emplear la cantidad de colores que deseemos.

MINI TAPIZ SOL DE AMANECER

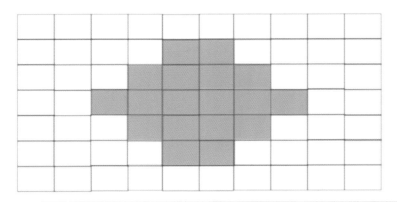

● A medida que avanzas en el diseño, reserva las cuerdas en la parte de atrás hasta que llegue su turno.

● Al final puedes esconder las puntas entre las mismas cuerdas y poner puntitos de pegamento si lo consideras necesario.

■ NUDO FESTÓN DIAGONAL (NFD)

El nudo festón diagonal (NFD) se hace con la misma técnica del nudo festón horizontal. La diferencia en este caso es que la cuerda guía se inclina. Puede ser tanto hacia la derecha, como en el caso de nuestra muestra, como hacia la izquierda.

● **1.** Para esta muestra, vamos a usar 8 cuerdas puestas en una barra con nudo alondra (NA).

● **2.** Para avanzar con el nudo festón, ponemos la cuerda de la izquierda como guía sobre el resto de cuerdas en diagonal. Pasamos la siguiente cuerda por encima de la cuerda guía y la sacamos por el bucle en la izquierda de la misma.

● **3.** Después de ajustar el nudo, volvemos a pasar la misma cuerda por encima de la cuerda guía y la metemos por el bucle inferior. La cuerda guía debe mantenerse siempre en la misma posición.

Para seguir en este nudo, lo repetimos con todas las cuerdas. A medida que progresamos en el diseño, ajustamos las cuerdas una al lado de la otra sin apretar demasiado. Las cuerdas de trabajo deben mantenerse paralelas. Para hacer el nudo festón diagonal de derecha a izquierda, comenzamos con la primera cuerda de la derecha, y repetimos todo el proceso en sentido inverso.

■ NUDO MÁGICO (NM)

Este nudo se utiliza para terminar diseños como maceteros o asas de bolsos, pero también lo podemos emplear de modo decorativo en cortinas y tapices. A continuación, te indico como hacer este hermoso nudo.

1. Sobre un grupo de cuerdas, doblamos una cuerda larga de 2 m. Dejamos un trozo corto de 20 cm como vemos en la imagen 1. El largo de las cuerdas puede variar según el resultado que deseemos.

2. Envolvemos con la cuerda larga todas las cuerdas dejando un pequeño trozo en la parte inferior. Enrollamos toda la cuerda larga hasta llegar al bucle de la parte superior.

3. Ahora la cuerda larga se ha hecho corta. Introducimos el trozo de la parte superior en el bucle.

4. Tiramos del trozo inferior para que la unión de arriba entre al nudo. No debe salir por la parte inferior, debe quedar dentro del nudo.

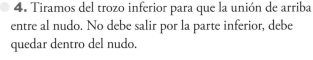

5. Cortamos los trozos sobrantes tanto abajo como arriba. Ya tenemos un nudo mágico.

50

Este nudo es ideal para la elaboración de asas para bolsos o para pulseras. Consiste en envolver una o varias cuerdas con una cuerda de trabajo formando una espiral.

● **I.** Sobre un grupo de cuerdas pasamos una cuerda de trabajo de derecha a izquierda. Rodeamos las cuerdas y luego pasamos la cuerda de trabajo por el bucle de la derecha.

● **2.** Repetimos, la cuerda la pasamos de derecha a izquierda. Envolvemos las cuerdas y pasamos la cuerda de trabajo por el bucle.

● **3.** Las vueltas se van repitiendo y la espiral se forma a medida que avanzamos. En cada vuelta ajustamos las cuerdas.

● **4.** En este paso ya tenemos formado el nudo torcido a la derecha. Si queremos hacerlo a la inversa, comenzamos poniendo la cuerda de trabajo en la izquierda y repetimos los pasos del lado contrario.

TAPICES COLGANTES
DE MACRAMÉ

Tapices colgantes de macramé. Cabeceros de cama o decoración para el salón

Los tapices de macramé son una excelente opción para la decoración de nuestras casas. A veces tenemos áreas en las que no sabemos que poner, y no queremos colgar un cuadro con alguna pintura. Muchas veces lo que deseamos es colgar una pieza original y única, atractiva para nuestra familia e invitados.

Un colgante de macramé es esa pieza ideal ya que la puedes combinar con la decoración de tu hogar, puedes jugar con texturas, formas y colores. Siempre encontrarás la manera de colgar en tu pared una pieza exclusiva y atractiva.

Los colgantes de pared normalmente van colgados de una barra. Esta puede ser una barra de cortina, pero si te gusta el estilo vintage industrial, puedes usar una barra de hierro. Si tu estilo es más playero o boho puedes colgar tu mural de pared con una rama natural o de deriva (recogida en la playa).

Muchos colgantes de macramé están hechos con pocos nudos y son muy simples, pero lo importante es el mensaje, la madera, la combinación de nudos y materiales… Es la esencia de una decoración única.

Actualmente los tapices de pared hechos con la técnica de nudos están presentes en restaurantes, hoteles y salones de famosos. El macramé está en boga y si tenemos la posibilidad de hacer nuestras propias piezas originales, no podemos desaprovecharla.

Estas piezas puedes hacerlas tuyas, combinando los colores según la decoración de tu hogar. Puedes hacer diseños multicolor con tonos tierra o tonos pastel, pero si lo prefieres puedes hacer tu colgante solo con color crudo, y combinará perfectamente con cualquier tipo de decoración. Esta puede ser rustica, minimalista o *boho*.

MINITAPIZ DE PARED
AMALIA

Minitapiz de pared Amalia

Materiales:

— 20 cuerdas de algodón torcido de 2,50 m x 3 mm c/u
— 1 rama de 40 cm
— 1 cuerda de 1 m para colgar
— Tijeras
— Cinta métrica

Manos a la obra

1. Colocamos las 20 cuerdas de 2,50 m en la rama con el nudo alondra (ver nudo alondra). Luego comenzamos a realizar nudos planos, una fila completa de 10 nudos planos. Cuando trabajamos con diseños con nudos planos, es recomendable trabajar con cantidades de cuerda pares (20 cuerdas, 10 nudos).

2. Trabajamos nudo plano en reducción. Comenzamos con los 5 nudos planos de la derecha, como vemos en la imagen. En la segunda fila hacemos 4 nudos planos, en la siguiente 3, y así hasta llegar a un nudo plano, en total 5 filas. Repetimos con los 5 nudos planos de la derecha. El resultado son 2 triángulos invertidos.

3. Con las cuerdas centrales vamos a trabajar el nudo festón. Con la cuerda de la izquierda hacemos el nudo festón de la derecha. La cuerda de trabajo, que empleamos para el primer nudo festón, será la cuerda guía para el nudo festón de la izquierda hasta llegar al centro del triángulo invertido.

4. Hacemos un segundo nudo festón pegado al anterior, con la cuerda izquierda del centro, hacia la derecha. Luego, con la primera cuerda del nudo festón anterior, hacemos el nudo festón hacia la izquierda. Debemos usar la misma cantidad de la derecha para que el diseño quede prolijo.

5. Ahora en el centro hacemos un nudo plano usando 6 cuerdas centrales y dos cuerdas laterales. Cuidamos que las cuerdas queden bien posicionadas ya que este será el centro del diseño.
Con la primera cuerda de la derecha del proyecto, hacemos un nudo festón hasta el centro. Emplearemos en este nudo, una cuerda guía y 19 cuerdas de trabajo con la primera cuerda de la izquierda como guía. Hacemos el nudo festón hacia el centro, vamos a unir la cuerda guía con la del nudo festón de la derecha.

6. Luego hacemos un segundo nudo festón empleando la misma cantidad de cuerdas.

7. En este paso vamos a trabajar con nudo plano. Con las primeras 4 cuerdas, según el lado que estamos trabajando, hacemos el primer nudo plano. A continuación, con 2 cuerdas del nudo que acabamos de hacer y las 2 cuerdas siguientes, hacemos otro nudo plano. Esto lo vamos a repetir hasta llegar al centro.

8. Este diseño lo vamos a cerrar con nudo festón en disminución. Con la primera cuerda de cada lado, hacemos un nudo festón hasta el centro, uniendo las cuerdas guía en el centro. El segundo nudo festón lo haremos con la quinta cuerda de cada lado hasta el centro, y luego un tercer nudo festón, también con la quinta cuerda de cada lado.

ATRAPASUEÑOS CLARA

Atrapasueños Clara

Materiales:

— Cuerdas trenzadas de 3 mm (8 cuerdas de 3 m y 8 cuerdas de 2 m)
— 1 aro metálico de 25 cm
— Tijeras
— Cinta métrica
— 1 cepillo para peinar flecos

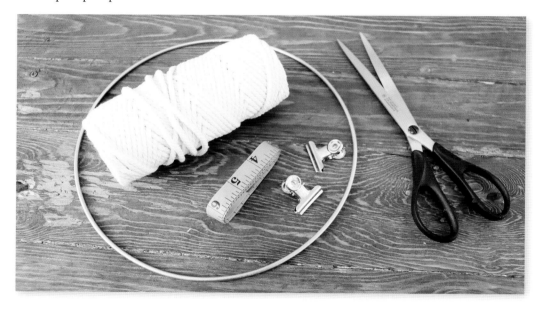

Manos a la obra

1. Colgamos el aro metálico y con el nudo alondra ponemos 8 cuerdas en la parte alta del aro, como vemos en la imagen 1.

2. A continuación, hacemos 4 nudos planos en fila (imagen 2).

3. Realizamos un diseño de nudos planos en reducción, hasta llegar a un nudo.

4. En la parte de abajo del aro, agregamos 8 cuerdas de 2 m x 3 mm con el nudo alondra invertido. El resto de cuerdas que vienen de arriba pasan a la parte de atrás.

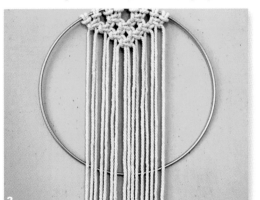

5. Con las cuerdas en la parte de atrás (imagen 4) comenzamos a hacer el nudo festón usando el aro metálico como guía. Cogemos la cuerda por la parte inferior del aro, pasamos por la izquierda del mismo y bajamos la cuerda.

6. Volvemos a pasar la misma cuerda ahora por la parte derecha de la misma y metemos la punta por el bucle inferior (ver nudo festón).

7. Después de hacer los nudos festón de ambos lados, debe quedar el proyecto como vemos en la imagen 7.

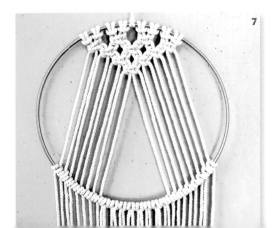

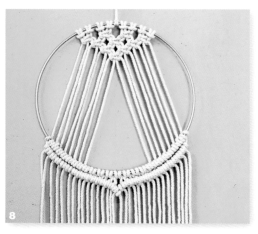

8. Con la primera cuerda de cada lado, hacemos nudos festón hasta el centro. Empleamos de cada lado 15 cuerdas de trabajo.

9. Ahora con las 2 cuerdas del centro realizamos el nudo festón cruzando las cuerdas (imagen 9). Usamos 5 cuerdas de trabajo en cada lado.

10. Llevamos la cuerda guía nuevamente al centro, empleando las mismas 5 cuerdas y uniendo los guías en el centro.

11. Volvemos a cruzar las cuerdas y continuamos con nudos festón laterales. En esta parte utilizamos 4 cuerdas de trabajo de cada lado para formar el segundo rombo, y con la misma cuerda guía, volvemos al centro. Hacemos el último rombo con 2 cuerdas de trabajo de cada lado.

12. Trabajamos los rombos laterales. De las 10 cuerdas, trabajamos con las 2 centrales. La de la izquierda comienza el nudo festón a la derecha. Para los rombos laterales utilizamos una cuerda guía y 2 cuerdas de trabajo. En la derecha comenzamos con la sexta cuerda de derecha a izquierda. Realizamos el nudo festón a la derecha con 2 cuerdas de trabajo, y con la primera cuerda de trabajo del nudo festón anterior, hacemos el nudo festón hacia la izquierda con 2 cuerdas de trabajo.

13. Los rombos laterales son 3 y son todos del mismo tamaño.

14. Trabajamos los rombos de la izquierda exactamente igual, aplicando la técnica del espejo. Comenzamos por la sexta cuerda de izquierda a derecha y hacemos 3 rombos, como hemos hecho anteriormente en la derecha.

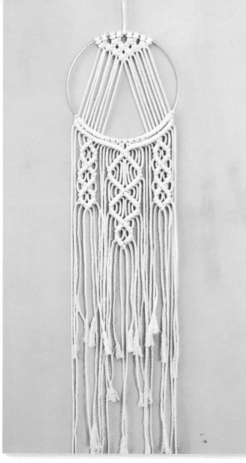

15. Cortamos las cuerdas, las del centro más largas para que el resultado quede en pico.

16. Para terminar, soltamos los flecos en las puntas.

COLGANTES
DE PLANTAS

Colgantes de plantas

Los colgantes para plantas son la pieza decorativa ideal para todos los que amamos la naturaleza. Estos son versátiles, combinan con cualquier estilo, especialmente con la decoración bohemia. También se integran fácilmente a espacios neutros y se pueden incluir otros materiales como la madera, el mimbre o las fibras naturales.

Cabe destacar que, al ser elaborados con cuerda natural de algodón (100%), resisten los embastes del tiempo. Adicionalmente, con los colgantes para plantas de macramé se ganan metros y aportan ese toque natural a nuestros espacios.

La elaboración de un colgante para plantas es un proceso muy simple, fácil de realizar. Con un par de pasos ya habrás realizado una pieza de macramé única para tu hogar.

Incluso muchos principiantes en el mundo del macramé comienzan por la elaboración de colgantes para plantas. Lo ideal es empezar con nudos simples y luego ir avanzando hacia diseños más complejos.

La variedad de colgantes para plantas es infinita, un valor agregado que nos aporta el macramé. Podemos hacer nuestra propia combinación de nudos, haciendo irrepetible la pieza elaborada.

MINICOLGANTE CAMILA

Minicolgante Camila

Materiales:

— 2 argollas metálicas de 10 cm de
diámetro
— 1 aro de madera de 6 cm
— Cuerda de algodón trenzado de 2 mm
(8 cuerdas de 3 m, 24 cuerdas de 2 m,
2 cuerdas de 80 cm. Estas últimas son
para los nudos mágicos)
— Tijeras
— Cinta métrica
— 1 gancho para colgar el proyecto

Comencemos a diseñar

1. Colgamos el aro de madera en el gancho y metemos las 8 cuerdas de 3 m. Deben quedar de
ambos lados del mismo largo.

2. Con una cuerda de 80 cm, hacemos un nudo mágico cogiendo todas las cuerdas debajo del
aro de madera.

3. Ahora tenemos 16 cuerdas que vamos a trabajar en grupos de 4 haciendo nudos planos intercalados. Hacemos un primer nudo plano, luego las cuerdas laterales pasan al centro para hacer el siguiente nudo. Así hasta hacer 12 nudos planos.

4. Este paso lo repetimos con los 4 nudos. Todos los lados deben quedar con 45 cm de longitud.

5. Cogemos todas las cuerdas y las metemos en el interior de una argolla de 10 cm.

6. Con cada cuerda, hacemos nudo festón sobre el aro. Pasamos la primera cuerda por encima del aro, y por la parte izquierda de la cuerda.

7. Pasamos la misma cuerda por la derecha y por el bucle inferior. Así formamos el primer nudo festón.

8. El paso 7 lo repetimos con todas las cuerdas, que queden todos los grupos en la misma separación.

9. En este paso agregamos 24 cuerdas de 2 m, 6 cuerdas en cada espacio entre nudos festón. Estas cuerdas las agregamos con nudo alondra invertido.

10. Después de poner todas las cuerdas, hacemos el nudo plano en toda la vuelta.

11. Trabajamos el nudo plano en disminución. Comenzamos con grupos de 4 nudos planos hasta llegar a un nudo. En total son 4 triángulos invertidos.

12. Seguidamente trabajamos el nudo festón, comenzando con las 2 cuerdas del centro en la parte alta de los nudos planos. Hacemos el nudo festón en diagonal hacia los lados.

13. Avanzamos con 2 nudos festón más. Todos los nudos deben estar en la misma posición como en la imagen 13.

14. Volvemos con nudo plano, en esta ocasión vamos en aumento. Comenzamos con un nudo plano (imagen 14) y avanzamos en aumento hasta hacer 4 nudos en cada grupo.

I5. Una vez tengamos todos los nudos planos, metemos todas las cuerdas por el segundo aro metálico.

I6. Usando el aro como guía, hacemos el nudo festón con todas las cuerdas.

I7. Para cerrar el diseño en la parte inferior, hacemos un nudo mágico con una cuerda de 80 cm.

Ya tenemos nuestro diseño para meter una planta pequeña.

MINICOLGANTE PARA PLANTAS MAYA

Minicolgante para plantas Maya

Materiales:

— 1 rama natural de 20 cm x 2 cm de grosor
— Cuerda urdimbre de 3 mm (12 cuerdas de
1,50 m y 1 cuerda de 80 cm)
— Tijeras
— Cinta métrica

Comencemos a diseñar

1. Colgamos la rama con cuerdas o con
ganchos, como te sea más cómodo.

2. Ponemos 12 cuerdas de 1,50 m en la
barra con el nudo alondra.

3. Hacemos una primera fila de nudos planos pegada al nudo alondra. En total, 6 nudos
planos.

4. Trabajamos nudos planos en reducción. Después del paso 3, hacemos 5 nudos. Cuando
trabajamos en reducción, dejamos de usar 2 cuerdas de cada en las filas (ver imagen 4).

5. En este paso comenzamos a trabajar con nudo festón con la primera cuerda de la derecha como guía hasta el centro en diagonal.

6. Completamos con el nudo festón de izquierda a derecha. En diagonal, unimos las 2 cuerdas guía en el centro.

7. Hacemos una fila de nudos planos. En total, 6 nudos planos.

8. A continuación, hacemos una línea en reducción (5 nudos planos).

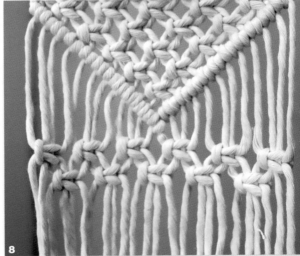

9. Y seguidamente una tercera fila de nudos planos. En esta ocasión, hacemos un nudo plano uniendo los lados, un nudo plano en el centro (imagen 9).

10. Hacemos otra vuelta de nudos planos y cerramos en la parte inferior con un nudo mágico. Recomiendo probar con una maceta para calcular mejor la altura del nudo mágico.

Después cortamos los excedentes de cuerda en el inferior y ya tenemos un minimacetero para colgar un cactus o suculenta.

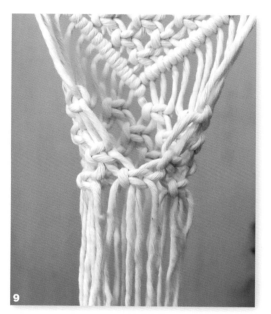

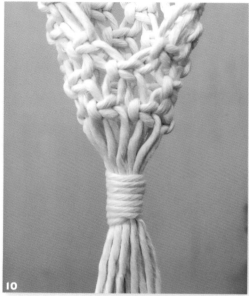

COLGANTE DOBLE
PARA PLANTAS
VICTORIA

Colgante doble para plantas Victoria

Materiales:

— Cuerda de 3 mm
— Aro de madera
— Tijeras
— Cinta métrica
— Gancho para colgar el proyecto

Comencemos este nuevo proyecto

1. Comenzamos colgando el aro de madera y metemos 16 cuerdas de 6,50 m x 3 mm. Luego, con una cuerda de 1,50 m, hacemos un nudo mágico para unir todas las cuerdas.

2. Separamos todas las cuerdas en 4 grupos de 8 cuerdas, en cada una haremos el mismo diseño. Empezamos con un nudo plano en el centro del primer grupo.

3. Con una cuerda de la derecha comenzamos a hacer un nudo festón hacia el centro empleando 2 cuerdas de trabajo.

4. A continuación, con una cuerda de la izquierda, elaboramos el nudo festón hacia el centro, uniéndolo con el festón de la derecha (ver la orientación de los nudos en la imagen 4).

5. Seguidamente hacemos otro nudo festón en la derecha hacia el centro y otro en la izquierda. Así ya estamos utilizando las 8 cuerdas de este grupo.

6. Con las mismas cuerdas guía de la derecha avanzamos hacia la izquierda (ver la orientación de las cuerdas en la imagen 6).

7. Avanzamos con las cuerdas guía de izquierda a derecha formando una «X».

8. Con las 4 cuerdas centrales hacemos un nudo plano. Continuamos el nudo festón de derecha hacia el centro usando las mismas cuerdas guía que estamos usando desde el principio del diseño.

9. Seguimos con el nudo festón de izquierda al centro y unimos los nudos en la parte inferior.

10. Este diseño lo vamos a repetir con los 3 grupos restantes, exactamente igual.

II. Continuamos trabajando con 4 grupos independientes, y en una distancia de 35 cm. Hacemos un nudo plano con 4 cuerdas en el interior y 2 cuerdas de trabajo de cada lado.

I2. Este nudo lo repetimos con el resto de grupos exactamente a la misma altura.

I3. En total realizamos 3 filas de nudos planos intercalados para formar la cesta donde va el macetero.

I4. Después de hacer las 3 filas de nudos planos, hacemos un nudo mágico para cerrar.

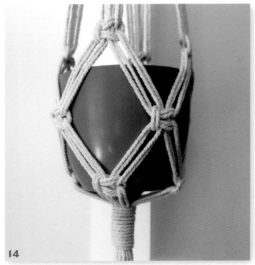

Sugiero medir el macetero o una cesta. Esta medida es ideal para un macetero mediano de 25 cm de diámetro.

● **15.** Comenzamos los pasos desde el número 2 para formar el segundo macetero de nuestro proyecto.

Altura total del diseño: 1,90 cm

Iluminación

Al pensar en decoración de interiores con macramé es inevitable asociar el pensamiento a la luz, la iluminación, la claridad, la paz… Las lámparas de macramé, por ejemplo, tienen una doble finalidad: aportar luz y belleza a un ambiente.

La elaboración de una lámpara o candelabro de macramé envuelve todo un proceso especial. Cada nudo trenzado se convertirá en un proyector por el cual la luz se transformará.

Estos proyectos se pueden convertir en los protagonistas absolutos de cualquier ambiente, sin importar las dimensiones de este. Puede ser desde una pequeña lámpara de mesita de noche, hasta una pieza grande en el centro de una habitación, salón, *lobby* de hotel o restaurante.

Una característica relevante de estas piezas es su función traslucida, sin importar el tipo de tejido o combinación de nudos que se utilice. Los colores crudos son los más populares para este tipo de piezas. Sin embargo, no limita su elaboración en otros colores y la combinación de estos.

Ese toque *vintage* y bohemio que nunca pasa de moda lo obtendrás al incorporar una lámpara o candelabro de macramé, como pieza decorativa de cualquier ambiente.

LÁMPARA DE MESA
LOUISE

Lámpara de mesa Louise

Materiales:

— Una pantalla de lámpara de 20 cm de altura, con la circunferencia superior de 15 cm y la circunferencia inferior de 28 cm
— Cuerda de algodón de 2 mm
— Tijeras
— Cinta métrica

A trabajar

1. Comenzamos poniendo 48 cuerdas de 2,50 m x 2 mm al aro superior de la pantalla.

2. A continuación, hacemos 2 filas de nudos planos alrededor de toda la pantalla. Si tenemos la base de la lámpara podemos poner la pantalla para trabajar más cómodo. Es opcional.

3. Avanzamos el diseño trabajando el nudo plano en disminución. Formamos grupos de 4 nudos planos y continuamos con nudos planos en reducción. En total formamos 6 grupos alrededor de la pantalla.

4. Seguidamente trabajamos el nudo festón de derecha a izquierda en diagonal.

5. Trabajamos el nudo festón de izquierda a derecha y unimos en el centro.

6. Posteriormente, hacemos toda la vuelta de nudo festón como podemos ver en la imagen 6.

7. Luego hacemos un segundo nudo festón sin cruzar las cuerdas del centro. Con la cuerda de la izquierda realizamos el nudo festón hacia la izquierda y con la cuerda de la derecha hacemos el nudo festón hacia la derecha.

8. Después de hacer toda la vuelta con el segundo nudo festón, realizamos un nudo plano en el centro con 8 cuerdas centrales y 2 cuerdas laterales de cada lado. En total son 6 nudos planos.

9. Con la cuerda guía del segundo nudo festón superior, avanzamos de ambos lados sin unir las cuerdas guía en el centro.

10. Hacemos un segundo nudo festón. Este si lo vamos a unir. Recuerda que todo lo que hacemos en cada grupo se repite en toda la circunferencia de la pantalla.

11. Nuevamente hacemos un nudo plano en el centro, con 8 cuerdas centrales y 2 cuerdas laterales de cada lado.

12. En esta parte del proyecto repetimos el paso 9. Hacemos un nudo festón de cada lado sin unir en el centro.

13. Repetimos el paso 10. Hacemos un segundo nudo festón uniendo en el centro.

14. Ahora vamos a trabajar el nudo plano. En esta ocasión vamos en aumento. Comenzamos con un nudo plano en el centro, exactamente debajo de donde terminó el nudo festón superior,

y avanzamos en aumento hasta llegar a 4 nudos planos por grupo. A diferencia de los nudos planos de arriba, estos los hacemos más separados porque la parte inferior de la pantalla es mucho más ancha que la superior.

15. Después de terminar todos los grupos de nudos planos, metemos todas las cuerdas al interior del aro.

16. Tras meter todas las cuerdas al interior del aro, comenzamos a hacer el nudo festón con el aro como guía. Esto lo hacemos en todo el aro.

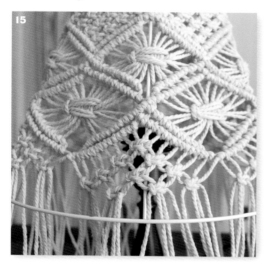

17. Como el aro inferior es más grande nos quedarán algunas cuerdas separadas.

18. Entre cada grupo de los nudos vamos a agregar 2 cuerdas de 90 cm con el nudo alondra invertido. Lo haremos cada 3 grupos (3 grupos, 2 cuerdas, un grupo no, y así toda la vuelta). En total, 36 cuerdas de 90 cm.

19. Después de meter todas las cuerdas, nos queda totalmente cubierto el aro inferior.

20. Separamos en grupos de 12 cuerdas y con la primera cuerda de la derecha hacemos un nudo festón hacia la izquierda.

21. Con la primera cuerda de la derecha del mismo grupo del nudo festón anterior, hacemos un segundo nudo festón.

22. Repetimos el paso anterior y hacemos un tercer nudo festón (ver imagen 22).

23. Seguidamente, con las 12 cuerdas del lado inverso, hacemos los pasos 20, 21 y 22 en sentido contrario, de izquierda a derecha, usando la misma cantidad de cuerdas.
Nota importante: comenzamos siempre el primer nudo festón en el espacio donde no se agregaron cuerdas (paso 18).

24. Comenzamos un cuarto nudo festón pegado al tercero.

25. En este nudo festón, a medida que avanzamos con los nudos, el nudo de trabajo pasa a formar parte del nudo guía. No quedan cuerdas sueltas.

26. Así avanzamos hasta llegar al centro. Hacemos el nudo festón y unimos la cuerda al resto de cuerdas guía.

27. Este paso lo repetimos de ambos lados.

28. Cerramos el diseño con un nudo mágico, usando una cuerda de 70 cm x 2 mm. Esto lo repetimos por todo el diseño.

FRASCO DECORADO
HELEN

Frasco decorado Helen

Materiales:
— Frasco reciclado de 18 cm de altura (cuello de 29 cm, cuerpo de 41 cm)
— Cuerda de algodón de 2 mm
— Tijeras
— Cinta métrica

Manos a los nudos

1. Comenzamos cortando una cuerda de 90 cm y la anudamos al cuello del frasco. Esta cuerda no la vamos a emplear en el diseño general.

2. Ponemos 30 cuerdas de 1 m cada una en la cuerda del paso 1 con el nudo alondra.

3. Hacemos una fila completa de nudos planos.

4. En este paso vamos a trabajar nudos planos en reducción. Separamos los nudos en grupos de 3. Hacemos 2 nudos y luego uno (imagen 4).

5. Trabajamos el nudo festón. Como podemos ver en la imagen 5, lo hacemos de izquierda a derecha en todos los grupos.

6. Hacemos el nudo festón de izquierda a derecha en todos los grupos del centro hacia la derecha en diagonal.

7. Completamos la primera vuelta de nudo festón. En esta ocasión, desde el centro hacia la izquierda en diagonal.

8. Comenzamos la segunda vuelta de nudo festón, exactamente igual que el nudo festón de arriba, primero de centro a derecha.

9. Realizamos la vuelta de nudo festón, ahora de centro a izquierda. Unimos las cuerdas guía en el centro.

10. Hacemos un nudo plano con 4 cuerdas centrales y 2 cuerdas de trabajo de cada lado.

11. Avanzamos con el nudo festón en la parte inferior del nudo plano, con la misma cuerda guía de la derecha hacia el centro (imagen 11).

12. Hacemos lo mismo con la cuerda guía del nudo festón de la izquierda hacia el centro, y unimos con un nudo festón las cuerdas guía en el centro.

13. Realizamos un segundo nudo festón que igualmente cerramos en el centro uniendo las cuerdas guía.

Después de terminar los nudos, cortamos las cuerdas a la altura deseada, soltamos los flecos y peinamos. Este diseño lo podemos usar como candelabro o centro de mesa.

LUZ CON CABLE COLGANTE AGATHA

Luz con cable colgante Agatha

Materiales:

— Un cable de luz de 1,5 m con
  portalámpara, encendedor y enchufe
— Cuerda de 18 m x 2 mm (color opcional)
— Tijeras
— Cinta métrica
— Pegamento

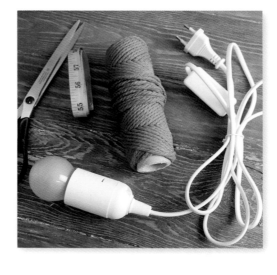

Manos a los nudos

1. Comenzamos poniendo la cuerda por detrás del cable, a cada lado dejamos 9 m.

2. Hacemos el primer nudo para ajustar las cuerdas del cable.

3. Vamos a trabajar el nudo espiral (ver nudo espiral).

4. Pasamos la cuerda de la izquierda por encima del cable y por debajo de la cuerda de la derecha (ver imagen 4). Después pasamos la cuerda de la derecha por detrás del cable, por encima de la cuerda de la derecha y ajustamos el nudo.

5. Al trabajar cuerdas muy largas recomiendo hacer nudos con las cuerdas para trabajar más cómodo.

6. Cuando llegamos al interruptor ponemos las cuerdas por los laterales.

7. Continuamos con el nudo espiral. De nuevo la cuerda de la izquierda pasa por encima del cable y por debajo de la cuerda de la derecha.

8. La cuerda de la derecha pasa por detrás del cable y por encima de la cuerda de la izquierda. Ajustamos el nudo.

9. Continuamos con el nudo espiral hasta el final del cable.

10. Cerramos el último nudo y aseguramos con pegamento.

DECORACIÓN DE PARED

Decoración de pared

Las cortinas y cenefas retoman el protagonismo como elemento decorativo de espacios interiores y exteriores. Su estilo simple, elegante y original aporta ese encanto boho chic que combina de manera sutil y armoniosa con cualquier ambiente.

Elaborar una cenefa para una ventana o puerta puede resultar todo un desafío, para los amantes de la técnica de los nudos. Sin embargo, muchos principiantes incursionan en el mundo del macramé diseñando hermosas cenefas para sus cortinas. La cenefa es lo más bonito y elaborado de una cortina de macramé.

Por lo general, comienza como un proyecto personal que más adelante puede representar toda una idea de negocio. Una cortina de macramé, sin duda alguna se convierte en la dueña absoluta de las miradas.

Hoy en día las cortinas de macramé se están utilizando en múltiples espacios: cortinas para puertas, divisor de espacios o antesala a espacios exteriores.

Poniendo las cenefas o cortinas en una puerta o ventana, los rayos del sol traspasan las cuerdas, llenando de luminosidad el espacio y agregando ese toque romántico al ambiente.

Estas hermosas piezas crean ambientes que invitan a la calma, el confort y la tranquilidad.

CENEFA DE VENTANA LUCÍA

Cenefa de ventana Lucía

Materiales:

— 1 barra de 1,50 m x 3 cm
— 64 cuerdas de 3 m x 3 mm
— 1 cuerda de 2 m x 5 mm
— Tijeras
— Cinta métrica
— Perchero de ropa
— Ganchos metálicos

Manos a los nudos

1. Comenzamos poniendo todas las cuerdas en la barra con el nudo alondra. Yo trabajo en un perchero de ropa y uso 2 ganchos para sostener el proyecto.

2. Separamos todas las cuerdas en grupos de 8 cuerdas.

3. Vamos a trabajar por grupo los nudos planos Comenzamos con un nudo plano en la derecha del primer grupo.

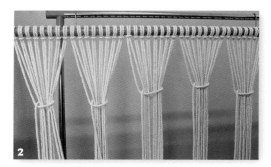

4. Con las 2 cuerdas de la derecha del primer nudo de la izquierda y las siguientes 2 cuerdas de la derecha hacemos el segundo nudo.

5. Seguidamente, con las 2 cuerdas de la derecha del segundo nudo y con las siguientes 2 cuerdas hacemos el tercer nudo.

6. Con el grupo de cuatro cuerdas de la derecha repetimos los nudos, pero a la inversa.

7. Hacemos el primer nudo de la derecha, y con las dos cuerdas de la izquierda y las 2 cuerdas siguientes de la izquierda realizamos el segundo nudo. En la misma línea hacemos el tercer nudo plano.

8. Cerramos este primer grupo con un nudo plano en el centro.

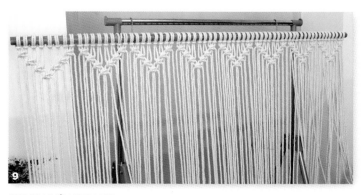

9. Repetimos el mismo diseño con el resto de grupos. En total son 8 grupos.

10. Avanzamos con el nudo festón de izquierda a derecha, comenzando por la cuerda de la izquierda del centro como guía y 8 cuerdas de trabajo.

11. Con la primera cuerda de trabajo hacemos el nudo festón a la izquierda, con 7 cuerdas de trabajo.

12. Repetimos los nudos festón de la misma forma por todos los nudos uniéndolos en la parte de abajo.

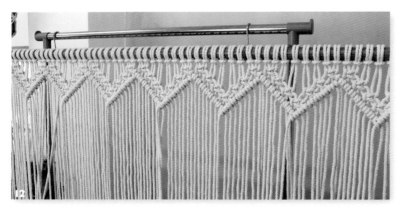

13. Seguidamente, hacemos otro nudo festón pegado al anterior (ver imagen 13).

14. Después de los nudos festón en zigzag, hacemos un nudo plano en el centro.

15. Avanzamos con el nudo plano con la misma técnica de los pasos 4, 5 y 6.

16. Continuamos con nudos planos por todos los grupos (ver imagen 16).

17. Con la cuerda de la izquierda del centro del grupo, hacemos un nudo festón a la derecha con 4 cuerdas de trabajo.

18. Después, con la primera cuerda de trabajo del nudo anterior, hacemos el nudo festón a la izquierda con 3 cuerdas de trabajo.

19. Hacemos un nudo plano en el centro.

20. Con la cuerda guía de la derecha avanzamos con el nudo festón en curva hacia el centro, usando las mismas cuerdas que empleamos en el festón de arriba y en el orden inverso (imagen 20).

21. Ahora repetimos el paso anterior, pero a la inversa con la cuerda guía de la izquierda. Las cuerdas guía se unen en la parte de abajo formando un rombo.

22. Avanzamos con las mismas cuerdas guía haciendo el nudo festón con 2 cuerdas de trabajo.

23. Hacemos un nudo plano en el centro.

24. Avanzamos con las mismas cuerdas guía repitiendo el paso 20 y 21. En esta ocasión con 2 cuerdas de trabajo que se unen en la parte de abajo, formando un rombo más pequeño.

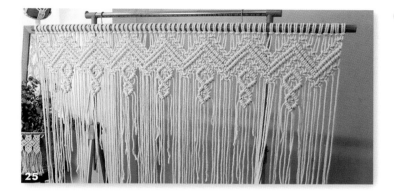

25. Este paso lo repetimos 7 veces, uno en cada grupo (ver imagen 25).

26. En las cuerdas sueltas que nos quedan entre los diseños hechos anteriormente, vamos a trabajar rombos a la inversa. Comenzamos un nudo festón en forma de «v» (ver imagen 26).

27. Con los mismos nudos guía avanzamos con nudo festón y con 3 cuerdas de trabajo hacia los laterales.

28. Hacemos un nudo plano en el centro, y continuamos con nudo festón repitiendo la técnica de los pasos 20 y 21.

29. De esta manera formamos un nuevo rombo con nudo plano en el interior. Este paso lo repetimos en todo el proyecto 8 veces.

30. Agregamos una cuerda de 2 m x 5 mm. Hacemos un nudo simple en un extremo y lo ponemos en la parte baja de nuestro proyecto.

31. Hacemos el nudo festón con todas las cuerdas y al final cerramos con otro nudito simple. Hasta ahora este es el resultado. Luego cortamos todas las cuerdas de 3 cm y peinamos los flecos.

Nos quedará como la imagen de la izquierda.

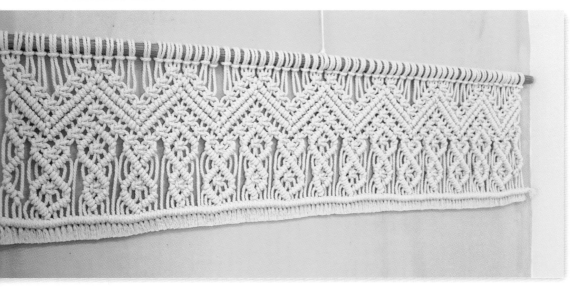

BANDERINES
DECORATIVOS BETA

Banderines decorativos Beta

Materiales:

— 1 cuerda de 2 m x 5 mm
— 54 cuerdas de 1 m x 3 mm
— 1 perchero de trabajo (opcional)
— Tijeras
— Cinta métrica
— Cepillo de peinar flecos

1. Comenzamos colgando la cuerda de 2 m en un perchero (el perchero es opcional, podemos hacerlo en la mesa). A continuación, ponemos 6 cuerdas de 1 m cada una con el nudo alondra. Vamos a trabajar el primer banderín.

2. Trabajamos el nudo plano en reducción. La primera línea 3 nudos planos, la segunda de 2 nudos y la última 1 nudo.

3. Después trabajamos el nudo festón de izquierda a derecha. Con la primera cuerda de la izquierda como guía, hacemos el nudo festón en diagonal hacia el centro.

4. Seguidamente, hacemos el nudo festón de derecha a izquierda uniendo ambas cuerdas guía en el centro.

5. Avanzamos con un segundo nudo festón. Con la primera cuerda de la izquierda hacemos el nudo festón hacia el centro.

6. Realizamos un segundo nudo festón siguiendo los pasos anteriores.

7. Avanzamos con un tercer nudo festón de cada lado para terminar con los nudos. Cortamos las cuerdas en diagonal con la misma dirección de los nudos de 4 cm.

8. Después de cortar las cuerdas, soltamos los flecos y con un cepillo peinamos. Así ya tenemos hecho el primer banderín. Repetiremos estos pasos 9 veces para que tengamos todos los banderines listos para decorar una pared.

COMPLEMENTO
PARA EL HOGAR

Complemento para el hogar

El toque elegante, sofisticado y distintivo, que necesitas para la decoración de tu hogar, lo obtienes agregando una pieza decorativa de macramé como una silla, una mecedora o una tumbona.

Con una silla o mecedora reciclada, darás a tu salón o terraza un toque chic bohemio. Si vas a trabajar una tumbona o mecedora te recomiendo que lo hagas con cuerda resistente al sol, lluvia o aire. Las cuerdas de algodón para estos diseños puedes emplearlos si vas a usar tu silla en el interior.

En el mercado encontrarás el material perfecto para la elaboración de cada proyecto. El resultado bien vale la pena.

TUMBONA DE MACRAMÉ
LOLA

Tumbona de macramé Lola

Materiales:
— Estructura de tumbona de madera de 110 cm de altura, 48 cm de ancho en la parte baja y 53 cm de ancho en la parte alta (puedes reciclar una tumbona usada)
— Cuerda de algodón de 5 mm
— Cinta métrica
— Tijeras

1. Trabajaremos en una estructura que anteriormente tenía una tela. Se la hemos quitado y la hemos preparado para comenzar a trabajar en el proyecto.

2. Trabajaremos el diseño desde la base inferior hacia arriba. Para eso plegamos la silla, la ponemos en la pared y le ponemos 20 cuerdas de 8 m cada una con el nudo alondra.

3. Hacemos la primera fila de nudos planos, ajustándolos bien al nudo alondra.

4. Avanzamos con nudos planos. En total trabajaremos 23 filas de nudos planos. Cubriremos en total 50 cm.

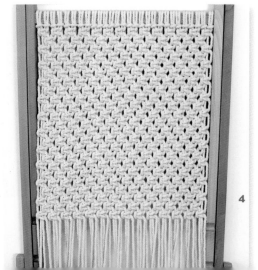

5. En esta fila trabajaremos el nudo plano intercalado. Haremos en total 7 nudos planos (ver imagen 5).

6. Avanzamos con el nudo festón en zigzag. Comenzamos los nudos en diagonal desde el centro superior hacia la derecha en toda la fila.

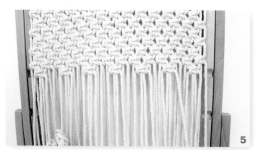

7. Hacemos el nudo festón desde el centro hacia la derecha.

8. El paso anterior lo repetimos en toda la fila (ver imagen 8).

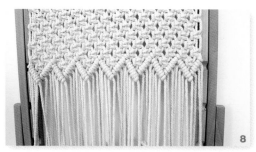

9. Avanzamos con el nudo plano. Comenzamos en el interior de los nudos festón que hicimos en la fila superior (imagen 9).

10. En la misma dirección del nudo festón hacemos nudos planos también en zigzag.

11. Avanzamos con el diseño de nudos planos en toda la fila.

12. Después de hacer el diseño de nudos planos, hacemos nuevamente el zigzag del nudo festón.

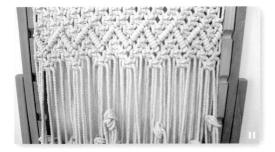 

13. Repetimos el diseño de nudo festón y nudo plano 5 veces (ver imagen 13).

14. Avanzamos con 7 filas de nudo plano para cubrir 100 cm de diseños para la tumbona.

15. Después de cubrir los 100 cm de diseños, metemos todas las cuerdas por la parte de la barra contraria. Recuerda que estamos trabajando desde la parte de debajo de la tumbona hacia arriba. Vamos a trabajar en este caso la barra superior de la tumbona.

16. Trabajamos el nudo festón empleando como guía la barra de la tumbona, pero solo vamos a operar con las 2 cuerdas interiores de cada nudo plano. Primero con la cuerda de la izquierda del nudo plano del centro, pasamos la cuerda por la izquierda de la misma cuerda.

17. Pasamos la misma cuerda por la derecha y a continuación por el bucle inferior. Esto lo repetimos con la cuerda de la derecha.

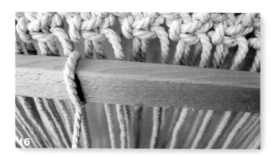

18. Después de hacer el nudo festón con ambas cuerdas, hacemos un nudo plano con las cuerdas laterales que no usamos para el festón. Así ajustamos las cuerdas a la barra.

19. Repetimos por toda la barra los nudos (imagen 19).

20. Hacemos 4 filas de nudos planos con las cuerdas que quedan en la parte de atrás de la tumbona como diseño decorativo.

21. Cortamos las cuerdas de 50 cm aproximadamente. Si lo deseamos las podemos cortar en pico.

22. Para terminar el diseño, hacemos nudos en las puntas. Ya tenemos nuestra tumbona terminada.

Glosario

Agradecimientos

Principalmente debo dar gracias a mi madre que es mi inspiradora número uno en el mundo, quien siempre ve oportunidades y motivos para agradecer. Gracias a ella me levanto todos los días con ganas de seguir trabajando por mis sueños.

Gracias a mi hija Julieta por tanto amor, por su madurez para sorprenderme a diario con ocurrencias y picardía. Con tan solo nueve años su alegría y sensatez me enseña a valorar las pequeñas cosas de la vida.

Gracias a mi esposo Paco, paciente, amoroso, cariñoso y siempre dispuesto a apoyarme en los proyectos que emprendo; gracias por creer en mí siempre, por cuidarme y mimarme hasta en mis días malos.

Gracias a mi prima Mari por ser esa persona vitamina que me acompaña y motiva constantemente; gracias por colaborar con los textos para este libro y por todo el apoyo que me has dado a lo largo de mi vida. Has sido mi inspiración y me has orientado a formarme como persona.

Gracias a toda la comunidad de *El arte de Julieta*, la comunidad de YouTube, especialmente los viernes macrameros. Gracias a toda la comunidad de Instagram y Facebook, en su gran mayoría mujeres que diseñan con amor y comparten sin egoísmo. Gracias por el apoyo y palabras de ánimo, sin esta tribu no estaría donde estoy. Gracias gente creativa.

Sobre la autora

Yuli Flores es una artista textil venezolana especialista en macramé. Desde hace siete años está radicada en España. Enseña macramé a través de las redes sociales. Su canal de YouTube *El arte de Julieta* tiene una comunidad de más de trescientos mil seguidores, con un promedio diario de nueve mil visitas.

Actualmente ha publicado tres libros. El primero titulado *El arte de Julieta* es una guía sencilla que nos introduce en el mundo del macramé.

El segundo libro titulado *Sigue soñando, diseñando y creando* aborda desde un punto de vista muy personal los aspectos más destacables del emprendimiento.

Y el tercero es un *Cuaderno de diseños de macramé* en el cual se pueden diseñar bocetos, plasmar ideas, planear trabajos, anotar medidas.... En otras palabras, crear tu propio diario personal de macramé.

Tiene su taller textil exclusivo de macramé en Valencia (España), donde además de realizar sus proyectos, vídeos y fotografías, recibe a personas que quieren aprender la técnica, ofreciéndoles apoyo y un espacio agradable lleno de paz y tranquilidad.

Yuli actualmente realiza diseños para la marca española Hannun, especialistas en muebles sostenibles, referente en Europa y en el mundo.

Además, trabaja con interioristas en España y parte de Europa en la elaboración de lámparas, tapices y complementos decorativos para restaurantes.

Para la comunidad creativa de *El arte de Julieta*, Yuli es una persona motivadora, inspiradora, empática y amable para apoyar a cada uno de los miembros de su comunidad, demostrando que se puede vivir de su pasión si se trabaja con el corazón.

Puedes conocer más del trabajo de Yuli
— **En sus redes sociales:** *@elartedejulieta*
— **Web:** *Elartedejulietamacrame.com*
— **YouTube:** *YouTube/elartedejulieta_canal*